Chspab

C3985ce
-kr

Krull, Kathleen.
Cosechando esperanza : la histori
EAST 1058444595   JUN   '04

D0570776

Cosechando esperanza

Cosechando esperanza

LA HISTORIA DE CÉSAR CHÁVEZ

KATHLEEN KRULL

ILUSTRADO POR YUYI MORALES

TRADUCIDO POR F. ISABEL CAMPOY y ALMA FLOR ADA

LIBROS VIAJEROS
HARCOURT, INC.
Orlando   Austin   Nueva York
San Diego   Toronto   Londres
Printed in Singapore

Hasta que tuvo diez años, para César Chávez cada noche de verano era como una fiesta.
Los familiares llegaban en grandes grupos a las barbacoas que se preparaban en el rancho.
Traían sandías, limonada y maíz fresco. César y sus hermanos, hermanas y primos se
preparaban para dormir al aire libre protegidos contra los mosquitos por un mosquitero.
Pero ¿quién iba a poder dormir con todos los tíos y tías cantando, hilvanando cuentos
de fantasmas y contando historias mágicas de la vida allá en México?

César creía que el mundo entero era de su familia. Los ochenta acres del rancho
eran una isla en medio del destelleante desierto de Arizona, y los cielos repletos
de estrellas, eran todos suyos.

Muchos años antes, el abuelo de César había construido una espaciosa casa de adobe, con muros de dieciocho pulgadas de grosor para que durara para siempre. Una huerta de verduras, vacas y pollos proporcionaban todo el alimento que quisieran. Con cientos de primos en granjas cercanas, siempre había alguien con quien jugar. El mejor amigo de César era su hermano Ricardo; nunca pasaban un día lejos el uno del otro.

César era tan feliz en su casa que sintió un poco de miedo cuando empezó la escuela. El primer día de clases se sentó junto a su hermana mayor, Rita. La maestra lo cambió a otro sitio y César salió volando por la puerta y corrió a su casa. Tardaron tres días en convencerlo de que debía regresar a la escuela y sentarse con los otros niños de primer grado.

César era testarudo, pero no le gustaba pelear. Su madre prevenía a los hijos contra las peleas, insistiéndoles en que usaran la cabeza y las palabras para resolver sus conflictos.

En el verano de 1937, cuando César tenía diez años, los árboles que rodeaban el rancho empezaron a marchitarse. El sol achicharró la tierra de la granja hasta dejarla tan dura como las piedras. La sequía estaba sofocando la vida en Arizona. Sin agua para sus cosechas, la familia Chávez no ganaba lo suficiente para pagar las cuentas.

Llegó un día en que la madre de César no podía dejar de llorar. César se sintió desconcertado viendo a su padre atar todas sus posesiones al techo del viejo carro. A pesar de su larga lucha, la familia ya no era dueña del rancho. No tenían más remedio que unirse a los cientos de miles de personas que huían hacia los fértiles valles de California en busca de trabajo.

La vida anterior de César había desaparecido. Ahora él y su familia eran campesinos migrantes. Trabajaban las tierras de otra gente, de un lado a otro de California, recogiendo cualquier tipo de fruta o verdura que estuviera de temporada.

Cuando la familia Chávez llegó a lo que sería su primera casa en California, lo que encontraron fue un cobertizo en malas condiciones. Le faltaban las puertas y la basura cubría todo el suelo de tierra. Un aire frío y húmedo se colaba dentro de las cobijas y la ropa. Compartían el agua y los baños con otras doce familias, y con tanta gente el lugar estaba siempre sucio. Los vecinos peleaban constantemente, y todo aquel ruido molestaba a César. No había donde jugar con Ricardo. Las comidas eran a veces hojas de dientes de león recogidas al borde del camino.

César reprimió la amargura que le causaba haber perdido su hogar y empezó a trabajar junto a su familia. Era pequeño y no muy fuerte, pero un trabajador incansable. Casi cualquier cultivo era un tormento. Arrancar betabeles le desgarraba la piel entre el dedo pulgar y el índice. Los viñedos rociados con pesticidas le irritaban los ojos y le hacían difícil la respiración. La lechuga era lo peor de todo. Plantar lechuga con un azadón de mango corto le causaba espasmos de dolor por toda la espalda. Trabajar la tierra de otros en vez de la propia, le parecía ser una forma de esclavitud.

La familia Chávez hablaba constantemente de ahorrar lo suficiente para poder volver a comprar su rancho. Pero al atardecer, la familia entera había ganado no más de treinta centavos por todo un día de trabajo. Conforme pasaban los años, hablaban cada vez menos del rancho.

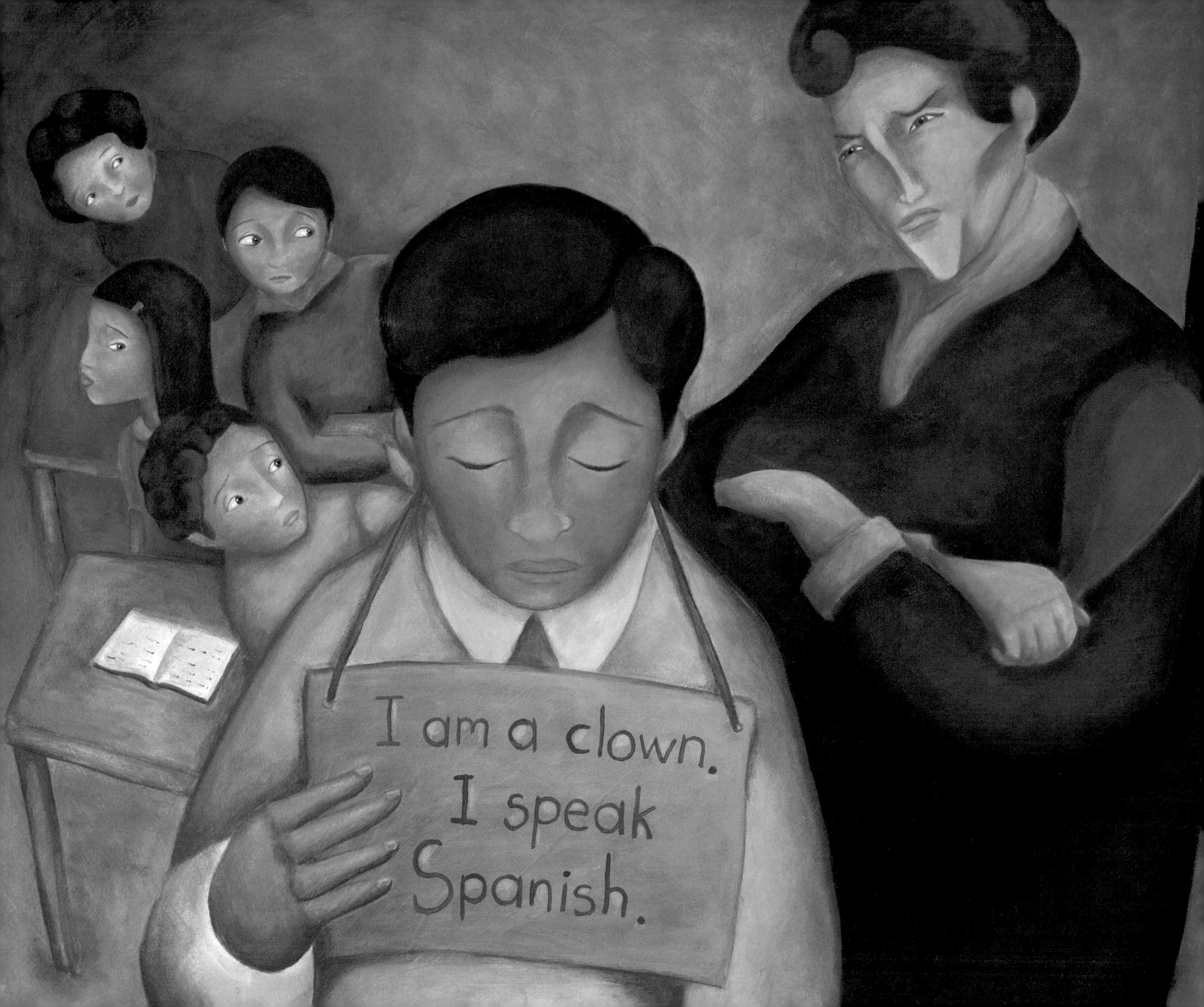
I am a clown.
I speak
Spanish.

Las ciudades no eran mucho mejor que los campos. En muchas tiendas y restaurantes habían señales que decían: SÓLO PARA BLANCOS. Ninguna de las treinta y cinco escuelas a las que asistío César a lo largo de los años parecía tampoco un lugar seguro. En una ocasión en que César rompió la regla de hablar siempre en inglés, la maestra le colgó del cuello un letrero que decía: SOY UN PAYASO. HABLO ESPAÑOL. Aunque le gustaba aprender llegó a odiar la escuela por los conflictos que allí se producían. Incluso a él mismo le pareció un milagro graduarse de octavo grado. Después del octavo grado, dejó la escuela para dedicarse a trabajar a tiempo completo en los campos.

El no haber podido estudiar avergonzó a César el resto de su vida, pero de joven, lo único que él quería era traer comida a la mesa de su familia. Cuando trabajaba le molestaba que los patrones trataran a los trabajadores más como herramientas que como a seres humanos. No les proporcionaban agua potable limpia, períodos de descanso o acceso a cuartos de baño. A cualquiera que se atreviera a protestar se le despedía, se le pegaba, o incluso a veces, se le mataba.

Así que César, como otros campesinos migrantes, tenía miedo y desconfianza cuando gente de afuera llegaba tratando de ayudarles. ¿Cómo podían saber esas personas lo que se siente cuando no se tiene ningún poder? ¿Quién podía luchar contra tanta adversidad?

Y sin embargo, César nunca había olvidado su antigua vida en Arizona y el latigazo que había sentido cuando todo se vino abajo. El trabajo en el campo no tenía por qué ser tan miserable.

Aunque con desconfianza, empezó a poner atención a lo que decían los que venían de afuera. Empezó a pensar que quizás hubiera esperanza. Y con poco más de veinte años de edad decidió dedicar el resto de su vida a luchar por el cambio.

Volvió a recorrer California, esta vez para convencer a la gente a que se uniera a la lucha. Al principio, de los cientos de trabajadores con los que hablaba, quizás encontraba uno que estuviera de acuerdo con él. Uno a uno, así es como empezó.

A la primera reunión que organizó César, acudieron una docena de mujeres. Él se sentó callado en un rincón. A los veinte minutos, todo el mundo empezó a preguntarse cuándo aparecería el organizador. César creyó que iba a morirse de vergüenza.

—Bueno, yo soy el organizador— les dijo, y se forzó a seguir hablando con la esperanza de inspirar respeto con su traje nuevo y el bigote que se estaba dejando crecer. Las mujeres lo escucharon cortesmente, y él estaba seguro que lo hacían por lástima.

Pero a pesar de su timidez, César mostró su habilidad para resolver problemas. La gente confiaba en él. Con los trabajadores era infinitamente paciente y compasivo. Con los patrones era testarudo, exigente y obstinado. Estaba aprendiendo a ser un luchador.

En la lucha por la justicia, les dijo a todos, la verdad es una arma más poderosa que la violencia. —La no violencia —les aseguró— requiere más valor—. Había que usar la imaginación para encontrar la forma de superar la falta de poder.

Más y más gente empezó a escucharle.

Una noche, ciento cincuenta personas se reunieron en un viejo teatro abandonado en Fresno. En esta primera reunión de la Asociación Nacional de Campesinos, César presentó su bandera: un águila negra, el pájaro sagrado de los aztecas.

La Causa había nacido.

HUELGA

Había llegado la hora de la rebelión y el lugar era Delano. Aquí en el corazón del pródigo Valle de San Joaquín, viñedos de brillante color verde se extendían hacia todos los horizontes. Los trabajadores malpagados, trabajaban encorvados sobre los viñedos la mayor parte del año. Entonces, en 1965, los dueños de los viñedos les rebajaron aún más los salarios.

César eligió luchar contra uno de los cuarenta patrones, con la esperanza de que otros recibieran el mensaje. Con los racimos de uvas maduros en las viñas miles de trabajadores dejaron los campos de esa compañía y fueron a la huelga.

Las uvas maduras no duran mucho.

La compañía contraatacó de todas maneras, desde los golpes hasta las balas. César se negó a responder con violencia. La violencia sólo perjudicaría a *La Causa*.

Lo que hizo fue organizar una marcha, una marcha de más de trescientas millas. Él y quienes le apoyaban caminarían desde Delano hasta la capital en Sacramento para pedirle ayuda al gobierno.

César y otros sesenta y siete campesinos empezaron a caminar una mañana. Su primer obstáculo fue la policía de Delano. Treinta policías unieron sus brazos para impedirle al grupo cruzar la calle. Después de tres horas de discutir—en público—el jefe de policía se retiró. El grupo entusiasta se encaminó bajo un sol abrasador hacia el norte. Su grito de solidaridad era: *Sí se puede.*

Llegaron a Ducor en la primera noche. Los caminantes durmieron afuera de la pequeña cabaña de la única persona que les dio la bienvenida.

En una sola fila continuaron cubriendo una media de quince millas al día. Pulgada a pulgada cruzaron el Valle de San Joaquín, mientras que las uvas sin cosechar en Delano se cubrían de moho blanco. Muy pronto, a César le salieron heridas en los pies. Él y muchos otros sangraban a través de los zapatos.

La noticia se propagó. A lo largo del camino los campesinos les ofrecían comida y bebida a su paso. Cuando se ponía el sol, los caminantes encendían velas y continuaban andando.

El cobijo ya no era un problema. Los simpatizantes empezaron a darles la bienvenida con banquetes. Cada noche había un discurso. —Nuestro peregrinaje es la llama— gritó un orador— que iluminará nuestra causa para que todos los campesinos vean lo que está pasando aquí.

Otro gritó: —Pedimos nuestros derechos fundamentales otorgados por Dios a los seres humanos . . . *¡Viva La Causa!*

Seguidores entusiastas mantenían a los caminantes despiertos media noche hablando sobre el cambio. Cada mañana la línea de caminantes aumentaba. César siempre iba delante.

En el noveno día, cientos de caminantes cruzaron Fresno. La larga y pacífica marcha era una sorpresa para la gente, desconocedores de cómo vivían los campesinos de California. Ahora eran estudiantes, oficiales públicos, líderes religiosos y ciudadanos de cualquier procedencia quienes ofrecían ayuda. Para la compañía de los viñedos, la publicidad se estaba haciendo insoportable.

Y en los viñedos las uvas continuaban pudriéndose.

En Modesto, al decimoquinto día, una multitud exaltada celebró el cumpleaños de César, quien cumplía treinta y ocho años. Dos días después, cinco mil personas recibieron a los caminantes en Stockton con flores, guitarras y acordeones.

Aquella noche, César recibió un mensaje que estaba seguro era una broma. Pero por si acaso era verdad, dejó la marcha e hizo que alguien lo condujera por la noche a una mansión en el rico Beverly Hills. Los oficiales de la compañía de viñedos le estaban esperando. Estaban dispuestos a reconocer la autoridad de la Asociación Nacional de Campesinos, prometiendo un contrato con más paga y mejores condiciones.

César se apresuró a regresar para unirse a la marcha.

El domingo de Pascua, cuando los caminantes llegaron a Sacramento, la marcha tenía más de diez mil personas.

Desde los escalones del edificio del Capitolio, se hizo público el jubiloso anuncio: César Chávez acababa de firmar el primer contrato para los campesinos en la historia de los Estados Unidos.

La marcha se convirtió en una fiesta gigante. La multitud se desbordó por las escaleras, algunos vitoreando, muchos llorando. Hombres vestidos de mariachi montaban caballos enjaezados. Todo el mundo cantaba y enarbolaba flores y banderas. A los cincuenta y siete caminantes que habían hecho toda la marcha, les hicieron un lugar de honor.

Orador tras orador tomó el micrófono para dirigirse al público en español y en inglés. —Ya no pueden cerrar los ojos y los oídos a nuestra causa —dijo uno de ellos—. No pueden pretender que no existimos.

La gente siguió celebrando hasta que el cielo se cubrió de estrellas.

La marcha había sido costosa para César: su pierna estaba inflamada y tenía fiebre alta. Tranquilamente, recordó a todos que la batalla no se había acabado: —Está bien recordar que se necesita valor pero también que en la victoria debe haber humildad.

Quedaba mucho trabajo por hacer, pero la victoria era impresionante. Alguna de la gente más rica del país había sido forzada a reconocer a los más pobres como seres humanos. César Chávez había ganado la batalla—sin violencia—y ya nunca volvería a sentirse desposeído de poder.

NOTA DE LA AUTORA

César Chávez nació cerca de Yuma, Arizona, en 1927. Antes de que él fundara la Asociación Nacional de Campesinos, los trabajadores agrícolas no tenían medios para protegerse. Tenían los horarios más largos, los salarios más bajos, las condiciones más penosas, la expectativa de vida más corta, y menos poder que cualquier grupo de trabajadores en los Estados Unidos. —Nunca pensamos —dijo César —que podríamos llegar a tener control de nuestras vidas. Eramos pobres, lo sabíamos, y eramos impotentes para podernos ayudar los unos a los otros.

Tras la marcha a Sacramento, la marcha de protesta más larga en la historia de los Estados Unidos, Chávez fue reconocido por muchos como un héroe. Para mostrar su continuo apoyo a *La Causa,* de vez en cuando dejaba de comer. Sus huelgas de hambre atrajeron publicidad desde todas partes del mundo. En las cajas de uva de las pocas compañías que ofrecían contratos se empezaron a imprimir águilas negras, y mucha gente aprendió a desechar las otras.

Llevó cinco años—de ayunos de Chávez, de encarcelamiento para él y para otros líderes, de marchas, de manifestaciones y de negociaciones—hasta que la mayoría de los cosecheros de uva más grandes de Delano, cedieran. Millones de libras de uva se habían podrido, costándole a los cosecheros más de veinticinco millones de dólares. Fue la primera huelga campesina con éxito en la historia de los Estados Unidos. Los contratos prometieron mejores salarios, seguros de enfermedad y otros beneficios.

Cuarenta y cinco minutos después de haber firmado el último de los contratos de las uvas, Chávez estaba organizando una huelga con los trabajadores de la lechuga en otro lugar de California. Trabajando dieciocho horas al día, siempre viajando, ganó muchas más batallas en beneficio de los campesinos migrantes—incluida la prohibición del uso del azadón de mango corto, que había causado dolores de espalda permanentes a miles de trabajadores.

Chávez reconoció que las enseñanzas de su madre fueron una influencia importante en su vida. También se alimentó de su fe, de su herencia mexicana y de sus héroes—San Francisco de Asís, el Dr. Martin Luther King Jr., líder de los derechos civiles de los afroamericanos, y Mahatma Gandhi, que dirigió la lucha no violenta contra Gran Bretaña por la independencia de la India. La esposa de Chávez, Helen, le dio una ayuda indispensable, como también lo hicieron sus ocho hijos, otros familiares y leales compañeros.

En 1993, tras una huelga de hambre que duró treinta y seis días, Chávez nunca se recuperó del todo. Murió mientras dormía a la edad de sesenta y seis años. Una multitud muchas veces mayor que la que le dio la bienvenida en Sacramento, acudió a su funeral en Delano.

Chávez fue—y es—controvertido. Especialmente entre aquellos que se oponen al cambio, tuvo muchos enemigos y recibió constantes amenazas de muerte. Inclusive hoy, algunos difieren al interpretar su vida y sus objetivos, y otros o le han olvidado o nunca han oído hablar de él. Pero muchos continúan viéndolo como un héroe—por su gran sinceridad, su fe en que dedicarse pacíficamente a una causa es más efectivo que el uso de la fuerza, y su autosacrificio frente a imponentes dificultades.

A Helen Foster James—K. K.

A abuelo Eligio y su nieto Kelly, árbol y semilla—Y. M.

Text copyright © 2003 by Kathleen Krull
Illustrations copyright © 2003 by Yuyi Morales
Spanish translation © 2003 by Harcourt, Inc.

All rights reserved. No part of this publication may be reproduced or transmitted in any form or by any means, electronic or mechanical,
including photocopy, recording, or any information storage and retrieval system, without permission in writing from the publisher.

Requests for permission to make copies of any part of the work should be mailed to the following address:
Permissions Department, Harcourt, Inc., 6277 Sea Harbor Drive, Orlando, Florida 32887-6777.

www.HarcourtBooks.com

This is a translation of *Harvesting Hope: The Story of Cesar Chavez.*
First Libros Viajeros edition 2003
Libros Viajeros is a trademark of Harcourt, Inc., registered in the United States of America and/or other jurisdictions.

Library of Congress Cataloging-in-Publication Data
Krull, Kathleen.
[Harvesting hope. Spanish.]
Cosechando esperanza: la historia de César Chávez/Kathleen Krull; ilustrado por Yuyi Morales; traducido por F. Isabel Campoy y Alma Flor Ada.
p. cm.
"Libros Viajeros."
Summary: A biography of Cesar Chavez, from age ten when he and his family lived happily on their Arizona ranch,
to age thirty-eight when he led a peaceful protest against California migrant workers' miserable working conditions.
1. Chavez, Cesar, 1927- —Juvenile literature. 2. Mexican Americans—Biography—Juvenile literature. 3. Labor leaders—United States—Biography—
Juvenile literature. 4. United Farm Workers—History—Juvenile literature. [1. Chavez, Cesar, 1927- 2. Labor leaders. 3. Mexican Americans—Biography.
4. Migrant labor. 5. United Farm Workers. 6. Spanish language materials.] I. Morales, Yuyi, ill. II. Title.
HD6509.C48K7818 2003
331.88'13'092—dc21 2002014593
ISBN 0-15-204755-7

A C E G H F D B

The illustrations in this book were done with acrylics, handmade stamps, and computer-created cutouts on BFK Rives Paper.
The display lettering was created by Tom Seibert.
The text type was set in Columbus Bold.
Color separations by Bright Arts Ltd., Hong Kong
Printed and bound by Tien Wah Press, Singapore
This book was printed on totally chlorine-free Stora Enso Matte paper.
Production supervision by Sandra Grebenar and Wendi Taylor
Designed by Judythe Sieck

RECONOCIMIENTO:
Gracias a Daniel Romero y a todos los que marcharon junto conmigo en los campos,
compartiendo su conocimiento de César y las historias de la lucha de los campesinos.
—Y. M.

1058444595